27

L n. 15647.

L n. 15647.

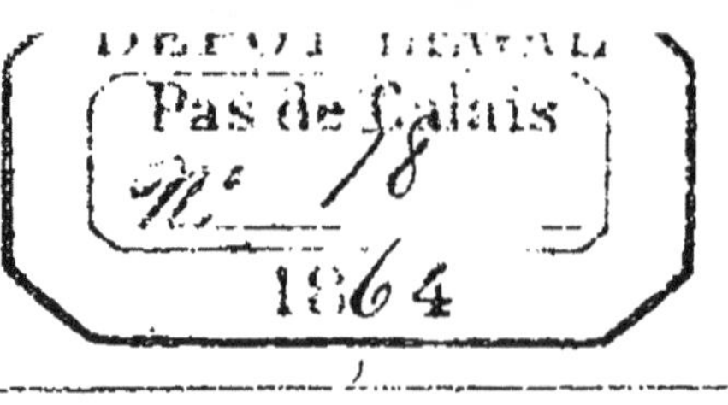

Arras, Typographie Rousseau-Leroy.

Le mardi 6 octobre 1863, en l'église paroissiale
de Château-Thierry , a été célébré le mariage de
M. Alfred-Auguste-Saint-Albin Paisant, substitut
du Procureur impérial, avec Mlle Marie-Justine-
Amélie Cléray , en présence de Mme Victor Mercier, de Senlis, mère du futur, et de M. Denisart,
avoué honoraire, aïeul maternel de la future. Les
témoins étaient d'un côté MM. Brière de Mondé-
tour-Valigny , avocat-général près la Cour de
Paris, et Joseph Paisant, ancien maire de la ville
de Villers-Cotterets ; de l'autre côté MM. Alfred
Denisart, propriétaire, chevalier de la Légion-
d'Honneur , et Antoine Dru , propriétaire. Le

mariage a été célébré, en présence de M. l'abbé Husson, archiprêtre de la ville de Château-Thierry, par M. l'abbé Magne, supérieur de l'Institution Saint-Vincent de Senlis, chanoine honoraire de Beauvais, qui a prononcé l'allocution suivante.

Messieurs,

Si je voulais oublier un inſtant la gravité du miniſtère que je remplis, je féli-
citerais tout d'abord ces jeunes époux de
l'union qu'ils vont contraƈter. Une ſitua-
tion déjà belle, riche d'eſpérances plus
belles encore, la jeuneſſe, la grâce, la

diſtinction que donnent les qualités de l'eſprit, celle plus précieuſe qui vient du caractère & des ſentiments, tout ſemble ſe rencontrer pour promettre le bonheur; & je ne ſerais que l'écho de cette aſſemblée nombreuſe, quoique choiſie, en diſant de cette union qu'elle ſera heureuſe.

Tout en m'aſſociant à ces affectueuſes ſympathies & à ces vœux, miniſtre de l'Égliſe, je dois faire entendre un autre langage. Moi auſſi, cependant, je viens porter des paroles de joie et d'eſpérance; mais, le bonheur que j'annonce au nom de Dieu a d'autres fondements que ces avantages & je dis à ces jeunes époux, qui le ſavent déjà, que leurs pensées doivent monter plus haut pour s'attacher à des biens plus ſolides. Non, ni la fortune, malgré l'éclat qu'elle jette ſur l'exiſtence, ni l'intelligence, malgré la diſtinction qu'elle donne à la vie, ni même la grâce & la douceur du caractère, malgré tous les charmes qu'elles répandent ſur les relations, ne ſuffiſent à aſſurer leur bonheur ici-bas, ſi Dieu ne bénit leurs engagements, en conſacrant leurs promeſſes.

Vous l'avez compris l'un et l'autre, & vous apportez à cet acte ſi grave, à ce ſacrement auguſte, des diſpoſitions chrétiennes qui vous mériteront la protection du Dieu trois fois saint, dont nous appelons ſur vous les plus abondantes bénédictions. Quel moment plus opportun pour la prière que cette heure ſolennelle de la vie qui lie irrévocablement deux deſtinées, & qui confond dans la ſainte unité du mariage chrétien deux âmes ſe donnant l'une à l'autre entièrement & pour tous les jours de leur exiſtence? Que dis-je? La Foi, ouvrant au-delà des bornes du temps préſent les perſpectives de l'Eternité, ne nous permet-elle pas de ſuivre cette union plus loin même que les limites de la vie, juſque dans le bonheur du ciel ? Telle est, en effet, la véritable idée du mariage dans son institution divine, tel qu'il a été conservé par l'Église de Jésus-Christ ; &, sans m'étendre sur les devoirs qu'il impose, parce que vous les comprenez trop bien, n'est-il pas vrai que ce don entier de soi-même, sans autre réserve que les droïts inaliénables de Dieu, ce don irrévocable & sans retour pour tous les moments & pour toutes les situations de la vie, ce don de ses pensées, de ses affections, de son âme & de son cœur est un acte trop grave pour se passer de l'intervention de Dieu ? &, lorsque deux âmes, qui, le plus souvent sans le savoir, se sont conservées l'une pour l'autre, se rencontrent à cette heure mystérieuse de leur vie pour se donner ainsi l'une à l'autre sous l'œil de Dieu & de l'Eglise ; ah ! c'est un beau spectacle pour la terre, pour Dieu & pour ses anges ! mais aussi, comme cette heure fixe à jamais la destinée de ces deux exiſtences, il semble qu'il n'y ait pas de moment plus propice pour adreſſer à Dieu les prières les plus ferventes : c'eſt Lui, en effet, qui eſt le maître de la vie & de la mort, qui diſtribue la félicité ou les épreuves au gré de ſa sageſſe toujours pleine de miſéricorde !

Ces paroles, dans leur auſtère gravité, ne ſauraient étonner votre foi : familiers l'un & l'autre avec les enſeignements de l'Egliſe, vous aimez à entendre redire en ce moment les vérités qui vous ont ſi ſouvent réjoui dans votre jeuneſſe ; & vous ſavez par une heureuse expérience que la pratique des devoirs chrétiens offre plus de conſolations qu'elle n'impoſe de ſacrifices.

C'eſt donc avec une ferme & sainte confiance que vous devez vous engager dans cette voie nouvelle que la Providence ouvre aujourd'hui devant vous. Elle a tout fait, dans ſon inépuiſable bonté, pour vous en rendre l'entrée plus facile & plus douce ?

Celle que vous avez choisie pour compagne, Monsieur — qu'elle me permette de le dire devant elle, — vous apporte, avec ſa jeuneſſe, les eſpérances les plus ſolides. Elevée d'abord par le cœur d'une mère, la plus douce, la plus ſainte, la meilleure, en un mot, des écoles pour une jeune perſonne ; elle ne put pas, hélas ! profiter aſſez longtemps de ces pieuses & tendres leçons. Mais les leçons d'une mère ſ'oublient-elles jamais ? &, dut ce ſouvenir réveiller des ſentiments douloureux, c'eſt à ces premières inſpirations de l'amour maternel qu'il faut faire remonter la ſource de toute bonne éducation. J'ai hâte d'ajouter que ces enſeignements ſi précieux furent remplacés, autant qu'ils pouvaient l'être, dans un pieux aſile qui mérite d'être diſtingué entre tous, parce qu'on y poſſède la ſageſſe,

rare de nos jours, de cultiver l'intelligence & d'élever les sentiments, sans
nuire à la simplicité du caractère & à la
modestie des goûts. Vous avez pu juger,
Monsieur, & vous jugerez mieux encore à
l'avenir les fruits de cette éducation com-
mencée par une mère & achevée par la
Religion, cette autre mère que Dieu a
donnée aux hommes : c'est d'une part un
esprit orné de connaissances solides &
variées, des talents même distingués ; de
l'autre une exquise simplicité unie à la
bonté la plus délicate ; enfin, une piété
sincère, sans affectation, mais aussi sans
détours, communique à ces qualités de la
terre une grâce particulière & comme un
parfum qui vient du ciel.

Telle est celle dont vous acceptez devant
Dieu de faire le bonheur. C'est sans
inquiétude, j'ose le dire, que son aïeul
peut la remettre entre vos mains. A la
fin d'une carrière honorablement rem-

plie, entouré du respect & de la con-
sidération de tous, il avait besoin de dé-
poser en des mains sûres, comme un trésor
précieux, cette enfant qui faisait sa joie
& qui partageait avec son frère ses der-
nières & ses plus chères affections ; sa
vieillesse peut se réjouir aujourd'hui de
voir ses espérances réalisées.

Elles ne seront pas trompées, Made-
moiselle ; & l'affection de votre aïeul peut
se reposer dans la confiance de votre
bonheur, car il dépend désormais, après
Dieu, d'un cœur capable de comprendre
le vôtre. Je ne veux pas le louer davan-
tage : une affection qui remonte jusqu'aux
jours de son enfance, me défend ici tout
éloge ; mais, si je suis condamné à me
taire, je puis bien vous montrer ce cortége
d'amis dont les sympathies vous disent
mieux que mes paroles tout ce que vous
avez à espérer.

Parmi eux, votre reconnaissance a su

diſtinguer un des repréſentants les plus élevés de la magiſtrature françaiſe, qui vient apporter ſon témoignage en faveur de celui que vous appellerez maintenant votre époux & qu'il veut bien appeler ſon collègue.

Je peux & je dois vous montrer ſurtout, à coté de lui, cette mère qui devient la vôtre. Son cœur a, depuis longues années, non-ſeulement l'habitude, mais encore la paſſion du dévouement. Repoſez-vous avec un abandon tout filial ſur cette affection qui ne ſera pour vous qu'une forme nouvelle de l'amour maternel, le ſeul ſentiment, peut-être, qui puiſſe devenir passionné sans ceſſer d'être sage.

Je voudrais enfin, Mademoiſelle, pouvoir vous montrer encore le chef ſi reſpecté (1), & ſi digne de l'être, de la famille

____

(1) M. Victor Mercier, de Senlis, que son état de santé avait retenu chez lui.

dans laquelle vous entrez. Il regrette de n'avoir pu venir occuper à cette fête la place ſi grande qui lui revenait à tant de titres; mais, lui auſſi, il vous adopte de loin, comme il l'aurait fait de près, avec une affection vraiment paternelle; ſa raiſon droite & ferme, ſon expérience des choſes de la vie qu'il unit aux ſentiments les plus élevés, vous aſſurent en lui un guide auſſi ſûr que dévoué.

Et maintenant, que nous reste-t-il à faire, ſinon d'implorer l'Auteur de tout don parfait de répandre ſes faveurs les plus abondantes ſur ces jeunes époux?

Oui, mon Dieu, béniſſez-les ; ratifiez dans votre puiſſance & votre amour les bénédictions que notre bouche va prononcer ſur leurs têtes ; & ſ'il eſt dans le tréſor de vos miséricordes des grâces de choix, notre piété & notre affection les ſollicitent pour eux de votre bonté. Qu'ils ſoient heureux l'un par l'autre &

par votre protection, o mon Dieu, tant que dureront les jours de leur pélérinage ici-bas ; comblez tous les vœux qu'ils forment aujourd'hui à vos pieds ; & que le bonheur que nous vous demandons pour eux sur la terre, soit couronné par l'éternelle félicité des cieux !